Conception et réalisation d'un système de gestion des marchés publics

Said Bouayed

Conception et réalisation d'un système de gestion des marchés publics

Éditions universitaires européennes

Impressum / Mentions légales

Bibliografische Information der Deutschen Nationalbibliothek: Die Deutsche Nationalbibliothek verzeichnet diese Publikation in der Deutschen Nationalbibliografie; detaillierte bibliografische Daten sind im Internet über http://dnb.d-nb.de abrufbar.

Information bibliographique publiée par la Deutsche Nationalbibliothek: La Deutsche Nationalbibliothek inscrit cette publication à la Deutsche Nationalbibliografie; des données bibliographiques détaillées sont disponibles sur internet à l'adresse http://dnb.d-nb.de.

Coverbild / Photo de couverture: www.ingimage.com

Verlag / Editeur:
Éditions universitaires européennes
ist ein Imprint der / est une marque déposée de
OmniScriptum GmbH & Co. KG
Heinrich-Böcking-Str. 6-8, 66121 Saarbrücken, Deutschland / Allemagne
Email: info@editions-ue.com

Herstellung: siehe letzte Seite /
Impression: voir la dernière page
ISBN: 978-3-8381-8787-7

Dédicace

Je dédie ce modeste travail à celle qui m'a donné la vie, le symbole de tendresse, qui s'est

sacrifiée pour mon bonheur et ma réussite, à ma mère

A mon père, école de mon enfance, qui a été mon ombre durant

toutes les années des études, et qui a veillé tout au long de ma vie

à m'encourager, à me donner l'aide et à me protéger.

Que dieu les garde et les protège.

A mes adorables sœurs........

A mon frère.

A mes amis.

A tous ceux qui me sont chers.

A tous ceux qui m'aiment.

A tous ceux que j'aime.

Remerciements

Au terme de mon projet de fin d'études, je tiens à exprimer ma profonde gratitude et mes sincères remerciements à mes encadrants :

- ❖ M. Riad Idrissi, Directeur de projets à Corporate Software, pour son accueil, son encouragement et son implication effective pour la réussite du projet.

- ❖ M. Azedine Boulmakoul mon encadrant EMSI pour l'expérience et l'aide dont il a pu me faire bénéficier lors de la réalisation de mon projet, pour son soutien, son encouragement et surtout pour son orientation et engagement.

Résumé

Le présent document est la synthèse de mon travail dans le cadre du projet de fin d'études effectué au sein de la société Corporate Software. J'ai eu la chance durant ce stage de concevoir et de développer un système de gestion des marchés publics dont le but est de limiter les coûts d'acquisition d'un bien ou d'un service tout en garantissant la meilleure qualité possible, Le système veille ainsi sur le suivi et le bon déroulement de l'exécution des marchés.

Comme environnement technologique, j'ai profité des possibilités fonctionnelles et techniques offertes par la plateforme J2EE.

Quant à la gestion de la persistance, j'ai utilisé le SGBDR Oracle.

Pour développer le projet, j'ai déployé la méthode agile SCRUM. Le déploiement de cette méthode m'a permis d'apprendre le pilotage dans un contexte agile.

Abstract

This document is a summary of my work in the project graduation conducted within the Corporate Software Company. I had the opportunity during this training to design and develop a system of procurement management of public markets that aims to reduce the acquisition costs of a good or a service while ensuring the highest possible quality, the monitoring system and proper conduct of the execution of markets

As technological environment, I took advantage of the functional and technological possibilities offered by the J2EE platform.

As for the data source I used Oracle RDBMS.

To develop the project, I made the Scrum agile method. The deployment of this method has allowed me to learn the control in an agile environment.

Sommaire

Acronymes et Abréviations

ADF	Application Development Framework
BD	Base de données
CRM	Customer Relationship Management
CS	Corporate Software
EJB	Enterprise JavaBeans
ETL	Extraction Transform and Load
ERP	Enterprise Resource Planning
JEE	Java Entreprise Edition
JPA	Java Persistence API
MOA	Maitrise d'ouvrage
MOE	Maitrise d'œuvre
PAQ	Plan d'Assurance Qualité
SGBD	Système de Gestion de Bases de Données
UML	Unified Modeling Language

Liste des figures

Liste des Tableaux

Introduction Générale

Ce rapport expose le travail effectué pendant la période du stage de fin d'études de ma formation du Master MIAGE 2 NTDP. L'objectif de ce projet est de concevoir et de réaliser un système de gestion des marchés publics. Afin que les entreprises puissent s'adapter à un environnement en mouvance continue et perpétuelle générée par une croissance et évolution technique et scientifique rapide, elles se trouvent dans l'obligation d'établir une stratégie basée sur des moyens techniques et humains dont elles disposent.

C'est dans ce cadre que les clients de CORPORATE SOFTWARE envisagent automatiser leurs activités. Parmi ces activités, la gestion des achats et plus spécifiquement celles réalisées par les appels d'offres. La gestion informatisée des appels d'offres intéresse de plus en plus les entreprises soucieuses de réduire leurs coûts, le recours aux appels d'offres permet en effet d'effectuer des achats plus adaptés à leurs besoins, de mieux faire jouer la concurrence, et de faire baisser les prix. Seulement cette gestion demande du temps, des ressources et des compétences afin d'en récolter les avantages.

Le but de l'appel d'offres est de réaliser une prestation de travaux, de fournitures ou de service et de mettre pour cela plusieurs entreprises en concurrence, afin d'obtenir un produit ou un service. Le choix du soumissionnaire qui sera un fournisseur vient suite à plusieurs commissions qui discuteront les offres selon les différentes soumissions.

Le processus commence par l'initiation d'un marché, préparation du cahier des charges, affectation des commissions et dépouillement des différentes offres et enfin le choix d'un soumissionnaire final, la notification de ce dernier et la contractualisation.

Dans ce contexte et dans le cadre de mon projet de fin d'études, je suis amené à concevoir et à réaliser l'informatisation d'une application permettant le suivi des marchés par appel d'offres.

Le présent rapport est organisé comme suit :

La partie I « Contexte général du projet », décrit les objectifs du projet, la solution ainsi que le plan assurance qualité du projet, les livrables, la planification et l'identification des risques. La partie II « Etude Préliminaire », décrit la problématique ainsi que les buts et les objectifs attendus par le projet. La partie III « Architectures logicielles et matérielles », contient la description des plateformes et des logiciels utilisés dans ce projet de plus les diagrammes montrent l'infrastructure physique du système et la manière dont les composants du système sont répartis ainsi que la relation entre eux. Et La Partie IV « Réalisation», présentée en diagramme d'analyse UML à savoir les diagrammes de classes d'analyse, le modèle statique et dynamique de la phase ainsi que la phase de conception.

Partie I :

Contexte Général du Projet

Dans cette partie je présenterai l'organisme d'accueil et le cadre général du projet, le processus de développement utilisé ainsi que le Plan d'Assurance Qualité

1 Organisme d'accueil

1.1 Corporate Software

Créée en 1998, intégrateur et distributeur de solutions pour accompagner les entreprises dans la mise en place du Système d'Information autour des Technologies leaders.

À la fois jeunes et expérimentés les consultants de Corporate Software ont en commun des parcours riches dans l'univers du conseil et de l'intégration de systèmes:

L'expérience moyenne des collaborateurs est de 8 ans et plus
55% des collaborateurs sont des managers.

Une double compétence en conseil, en management et technologie le positionnement unique de consultants est apprécié sur un marché qui s'est totalement restructuré et segmenté entre les sociétés d'études stratégiques et les sociétés de services informatiques.

Corporate Software: Un « pure player » du conseil et de l'intégration

Acteur national mais aussi régional
Une équipe de 80 collaborateurs
128 Millions de Dirhams de CA en 2011
Une présence en Afrique francophone
Un savoir-faire international

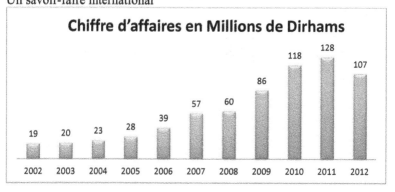

Figure 1: Chiffre d'affaires de Corporate Software

La figure en dessus montre l'évolution du chiffre d'affaires de Corporate Software sur les dix dernières années, avec une croissance annuelle moyenne soutenue depuis sa création dépassant les 30%.

Des ressources qui garantissent par leurs compétences et leurs expertises :
Une excellence et une qualité sans faille auprès des clients/partenaires.
Des livrables répondants aux exigences des clients en termes de budget, standards de qualité reconnus et délais contractuels.

Un laboratoire Informatique, équipé des technologies nécessaires pour réaliser les prototypes, les maquettes et les tests nécessaires avant livraison. Un centre de formation et de compétences:
Plus que 60 collaborateurs spécialisés en Intégration, en Infrastructures et en Business Intelligence.
Centre performant à la hauteur des attentes des clients et des exigences des éditeurs.
Centre de Télémaintenance, haute disponibilité Des ressources spécialisées en assistance et en maintenance applicative.

1.2 Organigramme

Lors des missions, les équipes sont mixtes et regroupent à la fois des spécialistes du secteur d'activité client et des experts dans différents domaines de compétences de chez Corporate Software. La figure 2 montre l'organigramme de la société.

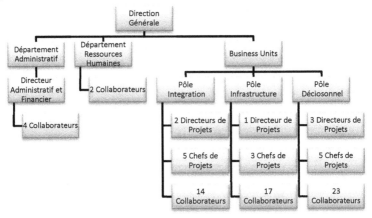

Figure 2 : Organigramme de Corporate Software

1.3 Engagement de Corporate Software

Figure 3 : Engagement de Corporate Software

1.4 Activités de Corporate Software

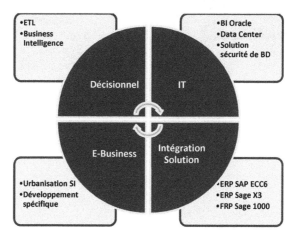

Figure 4 : Activités de Corporate Software

Accompagnement des clients depuis la formalisation de leur stratégie jusqu'à la mise en œuvre de leurs projets de transformation.

1.5 Activités par domaine

Intégration des applications ERP
e-business, CRM, applications métier (Banque, Assurance, Administration, …..)

Pilotage de la performance
✓   Business Intelligence : Accès en libre-service à l'information
✓   CPM/EPM :   Applications analytiques, Elaboration budgétaire
Infrastructure et Développements
✓   Expertise   confirmée   en Technologie J2EE, 4GL, Open Source

Gestion Intelligente de l'infrastructure
✓   SGBDR : Intégrateur Oracle & Informix
✓   Développement : J2EE
✓   Portail : Oracle Portal
✓   Computer Associate : Unicenter, E-Trustet Brightsore
✓   Système d'Exploitation : Unix, Aix, Sun Solaris, HP-UX, Windows

1.6 Les principaux partenaires de Corporate Software

Figure 6 : Principaux partenaires de Corporate Software

1.7 Quelques références de Corporate Software

Figure 7 : Quelques Reference de Corporate Software

2 Cadre général du projet

2.1 Contexte du projet

Un appel d'offres est une procédure qui permet à une entreprise de limiter les coûts d'acquisition d'un bien ou d'un service tout en garantissant la meilleure qualité possible. Le but est de mettre plusieurs entreprises en concurrence.

Toutes les entreprises peuvent initier un appel d'offres suite à un besoin spécifique exprimé.

La démarche de passation d'un marché s'effectue en suivant les étapes ci-dessous :

Appel d'offres :

Après la rédaction du cahier des charges ainsi que l'avis d'appel d'offres, ce dernier doit être publié dans les journaux ou via des lettres circulaires. L'objectif est d'informer les soumissionnaires intéressés tout en fixant le délai du dépôt des dossiers.

Réception des plis :

Chaque soumissionnaire intéressé par l'acquisition de ce marché doit déposer son offre. Les plis doivent être enregistrés au Bureau d'Ordre Central, ils doivent rester cachetés et scellés jusqu'à leurs ouvertures par les commissions compétentes.

Ouverture des plis :

Une commission dite « Commission d'ouverture des plis », formée par des membres internes ou externes sera requise par le service marché pour ouvrir les plis. Cette commission va analyser, du point de vue administratif, les offres concernant le marché pour tout dossier incomplet elle invitera le soumissionnaire à le compléter.

Dépouillement technique et financier :

La commission est invitée par le Service Marché à étudier et analyser les offres sur le plan technique en se basant sur les critères annoncés dans le cahier des charges, puis sur le plan financier en étudiant les prix proposés par les soumissionnaires dont les offres ont été admises au niveau technique, en cherchant à minimiser le coût du marché.

La commission de dépouillement technique et financier adresse au Service Marché un Procès-Verbal (PV) qui explique les raisons de cette sélection. Les soumissionnaires non sélectionnés seront informés par la suite du refus de leurs offres.

Approbation, exécution et suivi des marchés :
Après le Dépouillement technique et financier des offres, les structures concernées par le marché sont invitées à déterminer le soumissionnaire adéquat pour acquérir le marché, parmi ceux retenus. Le Service Marché doit donc informer le titulaire de marché.

Contractualisation :
Le titulaire de marché doit signer le contrat du marché.

2.2 Objectif du projet

Notre mission consiste à concevoir et développer une application de gestion des marchés publics qui assure toutes les fonctionnalités de gestion ainsi le suivi dans toutes les phases du marché.

L'objectif de l'application est la gestion et le suivi des marchés publics en plus d'autres fonctionnalités assurant l'interaction entre les utilisateurs de l'application et le bon déroulement de l'exécution d'un marché.

3 Gestion du projet

3.1 Le choix de la méthode SCRUM

Nous avons choisi la méthode SCRUM car elle est la plus adaptée à la structure et l'environnement de notre projet, on avait besoin de moins de rigidité dans les phases avec plus de proximité avec le client, puisque ce dernier à une grande réactivité dans ses choix durant le processus de développement.

Les choix de développement se fait sprint par sprint et le retour du client est obligatoire, les projets utilisant cette méthodologie sont plus à même de répondre aux besoins réels du métier.

3.2 Présentation de la méthode SCRUM

SCRUM est une méthode agile de gestion de projet qui permet de produire la plus grande valeur métier dans la durée la plus courte.

Le principe de la méthodologie SCRUM est de développer un logiciel de manière incrémentale en maintenant une liste totalement transparente des demandes d'évolutions ou de corrections à implémenter (backlog). Avec des livraisons très fréquentes, toutes les 4 semaines en général, le client reçoit un logiciel à chaque fois, un logiciel possédant toujours plus de fonctionnalités et en parfait état de fonctionnement. Pour cela, la méthode s'appuie sur des développements itératifs à un rythme constant d'une durée de 2 à 4 semaines. Les évolutions peuvent donc être plus facilement intégrées quand dans un cycle en V.

Concrètement, cette méthode nécessite des réunions :

Les réunions quotidiennes : chaque jour, toute l'équipe se réunit, généralement debout, pendant 15 minutes environ pour répondre aux 3 questions suivantes : qu'ai-je fait hier ?, Que vais-je faire aujourd'hui ? Y a-t-il un obstacle gênant aujourd'hui ?

Les réunions de planifications : toute l'équipe se réunit pour décider des fonctionnalités qui vont composer le sprint suivant et mettre à jour la liste générale.

Les réunions de revue de travail : lors de cette réunion, chacun présente ce qu'il a fait pendant la durée du sprint. Une démonstration des nouvelles fonctionnalités ou de présentation de l'architecture est organisée. Il s'agit d'une réunion informelle de 2 heures environ à laquelle participe toute l'équipe.

Les réunions de rétrospectives : à chaque fin de sprint, l'équipe fait le point sur ce qui a bien fonctionné et sur ce qui a moins bien fonctionné. Lors de cette réunion d'une durée de 15 à 30 minutes où chacun est invité et parle en son nom, un vote de confiance est organisé pour décider des améliorations à apporter.

L'avantage de la méthode est de réduire au strict minimum la documentation afin de gagner en productivité. L'idée ici est de ne faire que la documentation minimale qui permet de garder l'historique des décisions prises sur le projet et de pouvoir facilement intervenir sur le logiciel lorsqu'il sera entré en phase de maintenance.

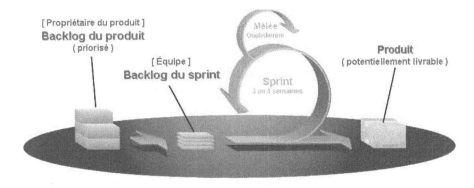

Figure 8 : Le cycle de développement SCRUM

La méthodologie SCRUM fait intervenir 3 rôles principaux qui sont :

Product Owner : Dans la majorité des projets, le responsable produit (product owner) est le responsable de l'équipe projet client. C'est lui qui va définir et prioriser la liste des fonctionnalités du produit et choisir la date et le contenu de chaque sprint sur la base des valeurs (charges) qui lui sont communiquées par l'équipe.

ScrumMaster : Véritable facilitateur sur le projet, il veille à ce que chacun puisse travailler au maximum de ses capacités en éliminant les obstacles et en protégeant l'équipe des perturbations extérieures. Il porte également une attention particulière au respect des différentes phases de SCRUM.

Equipe : d'une taille allant de 2 à 10 personnes en général, l'équipe regroupe tous les rôles habituellement nécessaires à un projet, à savoir l'architecte, le concepteur, le développeur, le testeur, etc. L'équipe s'organise elle-même et elle reste inchangée pendant toute la durée d'un sprint.

4 Plan de Qualité du Projet

4.1 Principes du Plan Projet

Objectifs du Plan Projet :
Le Plan Projet est un document formel, approuvé et utilisé pour diriger à la fois l'exécution et le contrôle du projet. Il est principalement utilisé pour documenter les hypothèses et décisions relatives à la planification, faciliter la communication entre les parties prenantes et documenter les planifications initiales. Un plan de projet peut être résumé ou détaillé.

Principaux éléments du Plan projet :
* ❖ Présentation des objectifs,
* ❖ Décrire les motivations et les bénéfices attendus.
* ❖ Identification de l'équipe qui participe au projet
* ❖ Déroulement du projet (planning, phases).

4.2 Les livrables

Phase	Livrable	Responsable	Date de livraison prévue	Date de livraison réelle	Date validation prévue
Etude préliminaire	• Cahier de charges. • Plan d'assurance qualité. • Planning.	Equipe projet	17/04/2013	17/04/2013	17/04/2013
Etude des besoins	• Dossier de spécifications fonctionnelles • Dossier de spécifications technique	Equipe projet	22/05/2013	22/05/2013	22/05/2013
Analyse	• Dossier d'analyse statique. • Dossier d'analyse dynamique	Equipe projet	02/09/2013	02/09/2013	09/09/2013
Conception	• Dossier de conception.	Equipe projet	03/09/2013	03/09/2013	09/09/2013
Réalisation	• Les interfaces • Prototype	Equipe projet	06/09/2013	06/09/2013	09/09/2013

Tableau 1: Les Livrables

4.3 Cycle de vie

Phase d'Etude préalable :
Cette phase démarre après une identification et planification du projet, et consiste à déterminer les besoins fonctionnelles et techniques. Cette phase se termine par l'élaboration du cahier des charges.

Phase d'analyse et Conception :
Dans cette phase, on définit les acteurs et fonctionnalités du système, suivie d'une spécification détaillée des différents processus d'utilisation. Elle se terminera par une élaboration d'une architecture dynamique (diagrammes de séquences) et statique (diagramme de classes) du système. Aussi une identification et justification des choix techniques à adopter pour la réalisation de l'application.

22

Phase d'implémentation et test :

Elle contient le codage de toutes les fonctionnalités du projet, tests et optimisation du code.

Phase de déploiement et recette :

C'est la phase où on met en production notre application dans son environnement cible.

4.4 Description des phases

Phase d'étude préalable :

Phase de l'étude préalable	
Objectifs	• Extraire les besoins du client
	• Définir toutes les règles de gestions appropriées aux besoins demandés.
	• Validation de la compréhension de l'application
Livrables en sortie	• Cahier de charge.
	• Dossier d'étude technique.
Critères de fin de phase	• Compréhension fonctionnelle et technique de l'application.

Tableau 2 : Phase d'étude préalable

Phase d'analyse et de conception :

Phase d'analyse et de conception	
Objectifs	• Appropriation fonctionnelle et technique de l'application
	• Validation de la compréhension de l'application
	• Réalisation de la spécification détaillée de tous les modules en charge.
Livrables en sortie	• Dossier de spécifications fonctionnelles et techniques
Critères de fin de phase	• Livraison d'un dossier de spécification détaillée qui prépare au développement.

Tableau 3 : Phase d'analyse et de conception

Phase d'implémentation et test :

Phase d'implémentation et test	
Objectifs	• Codage de l'application sprint par sprint pour respecter la méthode SCRUM.
Livrables en sortie	• Rapport de test
Critères de fin de phase	• Fin des tests

Tableau 4 : Phase d'implémentation et test

4.5 Planning du projet : MS PROJECT

Une phase de planification s'avère primordiale afin d'assurer la bonne conduite du projet puisqu'elle participe d'emblée au succès de la démarche. De ce fait, la maîtrise du projet implique la mise en place d'une organisation adaptée en ce qui concerne :

❖ L'ordonnancement des tâches.
❖ La définition des rôles des acteurs et intervenants.

En effet, la planification et l'ordonnancement sont des phases essentielles du projet. Il s'agit d'identifier le meilleur enchaînement des tâches indispensables à la réalisation du projet. Ainsi la planification est un outil incontournable de la gestion du projet permettant de:

❖ Définir les travaux à réaliser.
❖ Fixer les objectifs.
❖ Coordonner les actions.
❖ Diminuer les risques (Dépassement des délais)

Diagramme de Gantt prévisionnel :

Afin de réussir notre projet à la fin de chaque sprint il y a des points de validation. Le diagramme de Gantt suivant décrit les différentes étapes du projet.

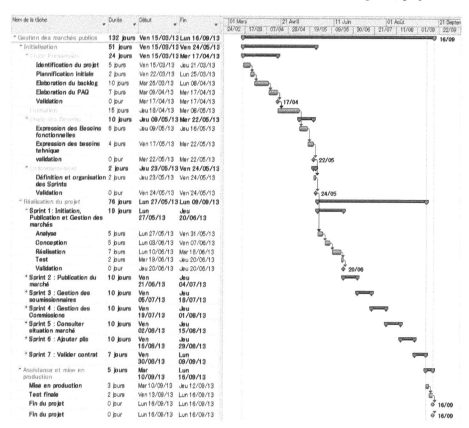

Figure 9 : Planning du projet prévisionnel

En vue de produire un résultat intéressant et observable, toutes les sprints du projet, doivent passer par l'analyse des besoins, la conception, l'implémentation, les tests unitaires, le contrôle avec les ajustements nécessaires, les tests de non régression et la rédaction du manuel d'utilisateurs.

Diagramme de Gantt réel :

Le planning réel reflète le déroulement réel des phases et taches du projet, ainsi subi aux différentes contraintes du projet :

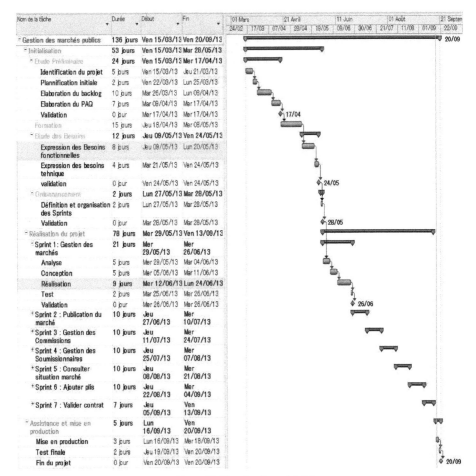

Figure 10 : Planning du projet réel

Analyse des écarts :

Le changement suivant a était remarqué :

❖ La durée prévue pour la capture des besoins fonctionnels était 6 jours, alors qu'en réalité j'ai eu besoin de 8 jours ;

❖ Pour la phase de réalisation du premier sprint j'avais prévu 7 jours, alors que ça m'a pris 9 jours.

Les différents écarts précédemment cités sont dus essentiellement aux facteurs suivants :
❖ Sous-estimation légère de quelques modules à réaliser ;
❖ Non couverture préalable de tous les besoins fonctionnelles du projet.

Conclusion :

Ce mal jugement de temps s'est répercuté sur la durée du projet qui était initialement estimé à 132 jours et qui maintenant est de 136 jours.

4.6 Identification des risques

Description du risque	Impacts	Poids du risque	Type de risque	Probabilité	Action(s) préventive(s)
Commencer avec un sprint secondaire	Ralentissement des travaux	Faible	Fonctionnel		Bien détailler le cahier des charges.
Mauvaise dispersion des backlog entre les sprints	Impact sur la qualité de l'application	Moyen	Fonctionnel		Prévoir des réunions et des points de validations avec l'encadrant au fur et à mesure de l'avancement du projet
Le non maitrise du framework ADF	Ralentissement des travaux	Faible	Technique		Faire une formation pour maitriser bien les différentes composantes de l'outil
Non-respect du standard de qualité	Conflits avec le client.	Moyen	Organisationnel		Se tenir à un plan de qualité de projet
Mauvaise compréhension du métier (complexité du sujet)	Echec du projet	Faible	Fonctionnel		Disposer des documents de description du métier

Tableau 5 : Matrice des risques

Faible   Moyen   Fort

4.7 Organisation du projet

Equipe MOA

Encadrant du projet (EMSI)

- ❖ Il est responsable du projet vis à vis du l'école.
- ❖ S'assure de la cohérence entre les spécifications fonctionnelles et la solution technique.
- ❖ Valide les livrables.
- ❖ Contrôle le respect des demandes.

Fiche des informations :

Nom	Fonction / rôle pour le projet	Mail
A. BOULMAKOUL	Encadrant du projet	azedine.boulmakoul@gmail.com

Tableau 6 : Fiche des informations MOA

Equipe MOE

Équipe projet

- ❖ Elabore le planning de réalisation
- ❖ Elabore le dossier des spécifications fonctionnelles
- ❖ Rédige les comptes rendus de réunion
- ❖ Réalise le prototype (Analyse, Conception, Réalisation)
- ❖ Rédige les plans de test d'intégration.

Fiche des informations :

Nom	Fonction / rôle pour le projet	Mail
Riad El Idrissi	Directeur de projet	a.elidrissi@corporate.ma
Nabil EL HANDI	Ingénieur de développement	nabilelhandi@gmail.com
Said BOUAYED	Ingénieur de développement	bouayedsaid@gmail.com

Tableau 7 : Fiche des informations MOE

Instances de suivi de projet :

Une réunion avec les membres de l'équipe sera organisée chaque lundi matin. Cette réunion a pour objectifs :

❖ Le suivi détaillé de l'avancement du projet
❖ Le suivi des actions à mener sur le projet
❖ Le suivi des actions d'assurance qualité menées

❖ La synchronisation entre l'équipe
❖ Les éléments issus d'une révision périodique du projet :
❖ La validation de la révision des risques
❖ La validation des indicateurs projets

5 Conclusion

Après avoir déterminé la méthodologie du travail, le planning, les tâches du projet et les risques pouvant nuire à l'aboutissement des objectifs, le chapitre suivant concerne la spécification des besoins.

Partie II :

Etude Préliminaire du projet

Dans cette partie nous ferons une étude préliminaire en utilisant un diagramme de contexte dynamique pour dégager les acteurs et leurs différentes interactions avec le système

1 Identification des Besoins fonctionnels

Un besoin fonctionnel spécifie l'action qu'un système doit être capable d'effectuer, hors contrainte physique : besoin spécifiant un comportement d'entrée/sortie d'un système.

La gestion des marchés publics doit être assurée durant toutes ses phases, dès l'initiation jusqu'à la clôture. La première étape du marché est la rédaction du cahier des charges contenant toutes les spécifications détaillées, puis la publication d'un appel d'offres. Une fois les offres reçues il faut procéder au dépouillement des offres et l'analyse de ces dernières afin de sélectionner un seul fournisseur.

Dans ce contexte notre application de gestion des marchés publics, implémente les fonctionnalités suivantes:

1.1 Gestion des Marchés

❖ Créer marché :
Le marché est lancé par une direction initiatrice, puis le Service Marché à la tache de le créer après avoir reçu une notification.
❖ Consulter marché :
Consulter la liste des marchés effectués.
❖ Modifier marché :
Modifier un marché, au cas où certaines informations sont changées.
❖ Supprimer marché :
La suppression est une action non fréquente mais requise, puisque éventuellement il peut y avoir une suppression d'un marché.
❖ Enregistrer les différents documents liés à un marché :
Pour chaque marché il existe plusieurs documents liés. Donc pour avoir l'historique ainsi que la trace d'un marché il faut garder une copie des documents qui y sont associés.
❖ Gérer les offres concernant un marché donné.
Effectuer les différentes opérations de gestion des offres (Ajout, Modification, Suppression et Consultation) des offres pour un marché donnée.

1.2 Gestion des soumissionnaires

❖ Créer soumissionnaires :
Créer un nouveau soumissionnaire.
❖ Consulter soumissionnaires :
Consulter la liste des soumissionnaires.

❖ Modifier soumissionnaires :
Modifier un ou plusieurs soumissionnaires.

❖ Supprimer soumissionnaires :
Supprimer un soumissionnaire.

1.3 Gestion des commissions
❖ Créer commission :
Il existe deux types de commission une d'ouverture de plis et l'autre de dépouillement, chaque commission est composées des membres qui sont du personnel de l'entreprise ou bien des agents externes.
❖ Consulter commission :
Consulter la liste des différentes commissions.
❖ Modifier commission :
On peut modifier le type d'une commission, ou bien l'affecter à un autre marché ou aussi lui ajouter ou supprimer un membre.
❖ Supprimer commission :
Supprimer une commission

1.4 Publication du marché
❖ Publication ouverte :
Dans le cas d'un appel d'offre ouverte le marché doit être publié dans les journaux
❖ Publication restreint :
Pour les appels d'offres restreintes une lettre circulaire va être envoyée à tous les soumissionnaires concernés

1.5 Le suivi des marchés

Chaque direction peut consulter la situation d'un marché en cours, ou bien la liste de tous les marchés lancés par cette dernière.

2 Les acteurs du système

Un acteur est une personne, un matériel ou un logiciel qui interagit directement avec le système pour réaliser une tâche. Ainsi, un acteur peut consulter et/ou modifier directement

2.1 Identification des acteurs

L'état du système en émettant et/ou recevant des messages susceptibles contenir des données.

Durant notre analyse nous avons identifiés les acteurs suivants :

❖ Utilisateur : le système lui donne la possibilité de s'authentifier. Il est à noter que cet utilisateur peut être le responsable d'une direction, l'opérateur de service marché, le responsable de bureau d'ordre central et le responsable du service administratif et juridique.

- L'opérateur de service marché : le système lui offre la possibilité de s'authentifier, gérer les marchés, publier le marché, gérer les soumissionnaires et gérer les commissions.

- Directeur d'une direction : il est le directeur de la direction qui capte le besoin pour lancer un marché, le système lui offre les fonctionnalités : s'authentifier, initier un nouveau marché, valider le cahier des charges et suivre l'état d'un marché en cours ou déjà clôturé.

- Le responsable du bureau d'ordre central : le système lui offre la possibilité d'enregistrer les plis (offres) en plus de l'authentification.

- Direction administratives et juridique : ses membres se chargent de la validation du cahier des charges, de la validation des contrats et de proposer des membres pour les commissions des marchés en cours. Ses directions sont :
  Direction financière
  Direction de gestion
  Direction juridique

3 Les règles de gestion

Numéro	Description
RG1	Chaque utilisateur accédant à l'application doit s'authentifier
RG2	Un marché a plusieurs phases
RG3	Un marché doit avoir une liste de documents
RG4	Un marché est divisé en plusieurs lots
RG5	Une tâche peut être devises en sous tâches
RG6	Chaque appel d'offres doit être publié (publication ouverte ou restreinte)
RG7	Dans le cas d'un appel d'offre ouvert nous publions l'offre dans les journaux
RG8	Dans le cas d'un appel d'offre restreint nous envoyions des lettres aux soumissionnaires concernés
RG9	Un marché est lié à une seule commission
RG10	Un soumissionnaire peut poser son offre pour n'importe quel lot du marché
RG11	L'offre d'un soumissionnaire concerne un est un seul lot à la fois
RG12	L'attributaire du marché doit signer un contrat
RG13	Toute soumissionnaire dite éliminer peut consulter la raison d'élimination
RG14	Chaque commission contient plusieurs membres
RG15	Chaque membre de la commission à un grade et une fonction et il appartient à un service

Tableau 8 : Les règles de gestions

4 Diagramme de contexte dynamique

Le diagramme de contexte a pour but de représenter les flux d'informations entre le système et les acteurs selon une représentation standard.

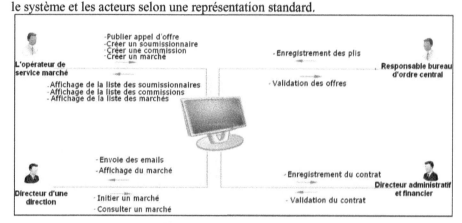

Figure 11 : Diagramme de contexte

5 Conclusion

Ce chapitre nous a permis de poser les bases fonctionnelles du système à concevoir, établissant ainsi les frontières fonctionnelles.

Partie III :

Architectures Logicielles
Et Matérielles

Dans cette partie nous présentons brièvement les différents besoins techniques du système.

1 Capture des besoins techniques

1.1 Présentation du langage de modélisation

Choix du langage UML :

La phase de conception est parmi les phases primordiales dans la réalisation ou le développement de chaque projet c'est pour cela elle nécessite une méthode permettant de mettre en place un modèle sur lequel le nouveau système va s'appuyer.

La modélisation consiste à créer une représentation virtuelle d'une réalité de telle façon à faire ressortir les points intéressants.

Il existe plusieurs méthodes d'analyse, mais la méthode la plus utilisée par la plupart des sociétés est la méthode UML. Cette méthode offre un canevas de développement structuré et c'est ce qui motive notre choix.

Présentation du langage 'UML' :

UML (Unified Modeling Language), que l'on peut traduire par langage de modélisation unifié, est une notation permettant de modéliser un problème de façon standard. Ce langage est né de la fusion de plusieurs méthodes existant auparavant, et est devenu désormais la référence en termes de modélisation objet.

Il est composé de plusieurs types de diagrammes, ces diagrammes d'une utilité variable selon les cas, ne sont pas nécessairement tous produits à l'occasion d'une modélisation. Les plus utiles sont les diagrammes d'activités, de cas d'utilisation, de classes, d'objets, de séquence et d'états-transitions.

La modélisation objet consiste à créer une représentation informatique des éléments du monde réel auxquels on s'intéresse, sans se préoccuper de l'implémentation, ce qui signifie indépendamment d'un langage de programmation.

UML est un moyen d'exprimer des modèles objet en faisant abstraction de leur implémentation, cela signifie que le modèle fourni par UML est valable pour n'importe quel langage de programmation.

La modélisation objet consiste à créer une représentation informatique des éléments du monde réel auxquels on s'intéresse, sans se préoccuper de l'implémentation, ce qui signifie indépendamment d'un langage de programmation.

UML est un moyen d'exprimer des modèles objet en faisant abstraction de leur implémentation, cela signifie que le modèle fourni par UML est valable pour n'importe quel langage de programmation.

1.2 Besoin technique

Diagramme de composants :

Les diagrammes de composants permettent de décrire l'architecture physique et statique d'une application en termes de modules : fichiers sources, librairies, exécutables, etc. Ils montrent la mise en œuvre physique des modèles de la vue logique avec l'environnement de développement.

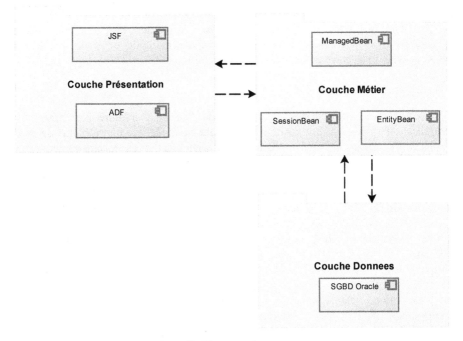

Figure 12 : Diagramme de composants

1.3 Description technique

Framework utilisés :

Un Framework est un ensemble d'outils et de composants qui aident au développement d'application, pour un contexte donné. Cela inclut :

- Un ensemble de Design Patterns.
- Un ensemble d'interfaces et d'implémentations.
- Des outils associés.

Le choix d'un Framework est indispensable et critique :

- Indispensable, parce qu'il est impossible de réaliser de grandes applications maintenables sans un Framework.
- Critique, parce que le choix du Framework aura un impact énorme sur les performances, la productivité, la qualité et la maintenabilité du système. Par la suite, je vais présenter les différents Framework Open Source utilisées.

JEE :

Java Enterprise Edition, ou Java EE (anciennement J2EE), est une spécification pour la technique Java de Sun plus particulièrement destinée aux applications d'entreprises. Ces applications sont considérées dans une approche multi-niveaux. Java EE définit les éléments suivants :

- Une plate-forme (Java EE Platform), pour héberger et exécuter les applications.
- Une suite de tests (Java EE Compatibility Test Suite) pour vérifier la compatibilité.
- Une réalisation de référence (Java EE Reference Implémentation), qui est Glass Fish.
- Un catalogue de bonnes pratiques (Java EE BluePrints).

a) EJB :

Les Enterprise JavaBean sont des composants Java portables, réutilisables et déployables qui peuvent être assemblés pour créer des applications. Ils s'exécutent dans un conteneur EJB qui va leur fournir des services tels que les transactions ou la persistance

Les objectifs des EJB :

- ❖ Fournir une plate-forme standard pour la construction d'applications distribuées en Java et Simplifié l'écriture de composants serveurs.
- ❖ Portabilité.
- ❖ Considérer le développement, le déploiement et l'exécution des applications.

b) Framework ADF (Application Development Framework) :

Le framework de développement d'application Oracle-ADF est une plate-forme universelle et intégrée de développement utilisant le standard J2EE (Java 2 Enterprise Edition) et les technologies open-source permettant de simplifier et d'accélérer la mise en place d'applications orientées vers les services. Si vous développez des solutions d'entreprise permettant la recherche, l'affichage, la création, la modification, et la validation des données utilisant le Web, les appareils sans-fil, un ordinateur de bureau ou les interfaces de services Web, ADF d'Oracle peut simplifier votre travail. Utilisé en tandem, ADF d'Oracle et JDeveloper 11g donnent un environnement qui
couvre tout le cycle de vie d'une application de la conception au déploiement.

c) Framework JPA :

La Java Persistence API (abrégée en JPA), est une interface de programmation Java permettant
aux développeurs d'organiser des données relationnelles dans des applications utilisant la
plateforme Java. La persistance dans ce contexte recouvre 3 zones :

- ❖ l'API elle-même, définie dans le paquetage javax.persistence.
- ❖ le langage Java Persistence Query (JPQL).
- ❖ l'objet/les métadonnées relationnelles.

La Java Persistence API repose essentiellement sur l'utilisation des annotations. Elles permettent de définir très facilement, et précisément des objets métier, qui pourront servir d'interface
entre la base de données et l'application.

Oracle Database :

Oracle Database est un système de gestion de base de données relationnel (SGBDR) qui depuis l'introduction du support du modèle objet dans sa version 8 peut être aussi qualifié de système de gestion de base de données relationnel-objet (SGBDRO). Fourni par Oracle Corporation, il a été développé par Larry Ellison, accompagné d'autres personnes telles que Bob Miner et Ed Oates.

Eclipse :

Eclipse est un EDI complet et gratuit permettant de modéliser et développer des applications Java pour les plateformes J2SE, J2EE ou J2ME. Eclipse offre au développeur un excellent support orienté SGBDR, le déploiement d'applications J2EE avec plusieurs serveurs d'applications, la publication de procédures écrites en PL/SQL en WebServices, le debuggage de code PL/SQL, l'intégration de composants Java Server Faces (Oracle ADF Faces).

Oracle WebLogic Server :

Oracle WebLogic Server 12c est l'un des premiers serveurs d'applications dans les environnements Cloud comme dans les environnements traditionnels. Outre des performances optimales et une évolutivité inégalée, ce serveur, qui repose sur une plateforme de développement moderne et simplifiée, facilite considérablement le déploiement et la gestion et accélère les délais de commercialisation.

MS Project :

Microsoft Project ou MS Project est un logiciel de gestion de projets édité par Microsoft. Il permet aux chefs de projet et aux planificateurs de planifier et piloter les projets, de gérer les ressources, ainsi que d'analyser et communiquer les données du projet.

PowerDesigner :

Sybase est un éditeur de logiciels. Il fournit des solutions d'infrastructure d'entreprise, des solutions de mobilités de logiciel pour la gestion de l'information, pour le développement, et pour l'intégration.

Diagramme de déploiement

Le diagramme de déploiement est une vue statique qui sert à représenter l'utilisation de l'infrastructure physique par le système et la manière dont les composants du système sont répartis ainsi que la relation entre eux.

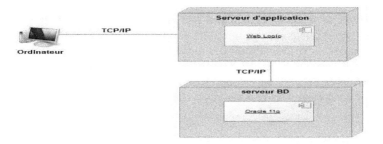

Figure 13 : Diagramme de déploiement

Partie IV :

Réalisation

Dans cette partie, on va illustrer les principales constructions du diagramme de classes UML durant l'étape d'analyse donner une vision générale de l'architecture logicielle qui sera mise en place.

1 Capture des besoins fonctionnels

Ce chapitre traite du rôle que tient UML pour compléter la capture des besoins fonctionnels ébauchée durant l'étude préliminaire. La technique des cas d'utilisation est la pierre angulaire de cette étape. Elle va nous permettre de préciser l'étude du contexte fonctionnel du système, en   décrivant les différentes façons qu'auront les acteurs d'utiliser le futur système.

1.1 Identifier les cas d'utilisation

Les diagrammes de cas d'utilisation suivants, résument les fonctionnalités cités dans le cahier des charges.

La figure ci-dessous est généraliste, elle décrit toutes les cas d'utilisation du projet, toute fonctionnalité du système doit être précédée par une authentification obligatoire.

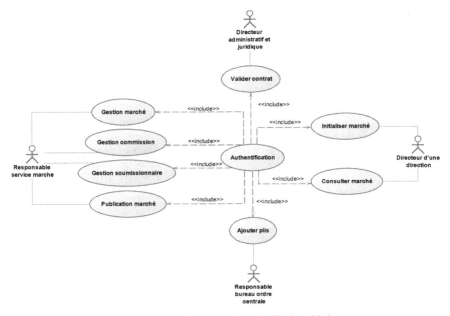

Figure 14 : Diagramme de cas d'utilisation global

Les cas d'utilisation peuvent être classés selon leur ordre d'importance pour chacun des acteurs. Ce classement donne lieu à la définition d'un ordre de priorité pour les cas d'utilisation.

Dans notre cas, les cas d'utilisation qui s'avèrent les plus prioritaires ont la priorité la plus forte « 1 » et les moins prioritaires ont la priorité « 2 ».

Ceci est représenté dans le tableau ci-dessous :

Cas d'utilisations	Acteur	Priorité
Authentification	Tous les utilisateurs	2
Publication du marché	L'opérateur Service Marché	1
Gestion des marchés	L'opérateur Service Marché	1
Gestion des Commission	L'opérateur Service Marché	1
Gestion des soumissionnaires	L'opérateur Service Marché	1
Consulter situation marché	Direction initiatrice	1
Initialiser marché	Direction initiatrice	1
Valider contrat	Direction administrative et juridique	2
Ajouter plis	Responsable bureau ordre central	1

Tableau 9 : Planification des modules

1.2 Décrire les cas d'utilisation

Vu la multitude des cas d'utilisation du système « Gestion des marchés publics », j'ai choisi les deux sprints suivants afin de les détailler.
- Gestion des marchés.
- Gestion des commissions.

Les diagrammes suivants montrent quelques interactions entre les différents acteurs et le système :

Sprint 1 : Gestion des marchés

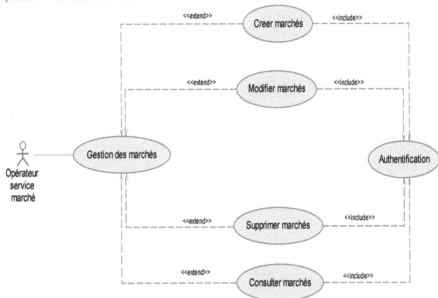

Figure 15 : Diagramme de cas d'utilisation « Gestion des marchés »

La figure 15 contient toutes les opérations qui peuvent être faite par l'opérateur service marché pour gérer les marchés à savoir la création, la modification, la suppression et la consultation.

Fiche textuelle

Résumé	Ce cas d'utilisation permet au concerné, de gérer les marchés.
Acteur	L'opérateur Service Marché
Pré-conditions	L'opérateur service marché doit être connecté au serveur et identifié
Post-conditions	S'il y a des modifications concernant un marché elles sont enregistrées dans la base de données
Scénario principale	1. Le système affiche une liste de marchés 2. L'utilisateur peut ajouter un nouveau marché 3. L'utilisateur peut sélectionner un marché pour le consulter ou bien pour le modifier 4. L'utilisateur saisi les nouvelles données du marché 5. L'utilisateur peut supprimer le marché sélectionné alors il doit confirmer la suppression 6. L'utilisateur peut ajouter une nouvelle offre au marché sélectionné 7. L'utilisateur peut sélectionner une offre pour la consulter ou bien pour la modifier 8. L'utilisateur saisi les nouvelles données de l'offre 9. L'utilisateur peut supprimer une offre alors il doit confirmer la suppression 10. Fin du traitement
Scénario alternatif '1'	Il démarre au point 2 du scénario principal : 1. Champs invalides ou vides 2. Afficher un message d'alerte informant l'utilisateur qu'il a oublié de mentionner un champ obligatoire. 3. Revenir au point 10 du scénario principal
Scénario alternatif '2'	Il démarre au point 4 du scénario principal : 1. Champs invalides ou vides 2. Afficher un message d'alerte informant l'utilisateur que les données saisies sont incorrects. 3. Revenir au point 10 du scénario principal
Scénario alternatif '3'	Il démarre au point 6 du scénario principal : 1. Champs invalides ou vides 2. Afficher un message d'alerte informant l'utilisateur qu'il a oublié de mentionner un champ obligatoire. 3. Revenir au point 10 du scénario principal
Scénario alternatif '4'	Il démarre au point 8 du scénario principal : 1. Champs invalides ou vides 2. Afficher un message d'alerte informant l'utilisateur que les données saisies sont incorrects. 3. Revenir au point 10 du scénario principal

Tableau 10 : Documentation du cas d'utilisation « Gestion des marchés »

Diagramme de séquences « Gestion des marchés »

Gestion des marchés

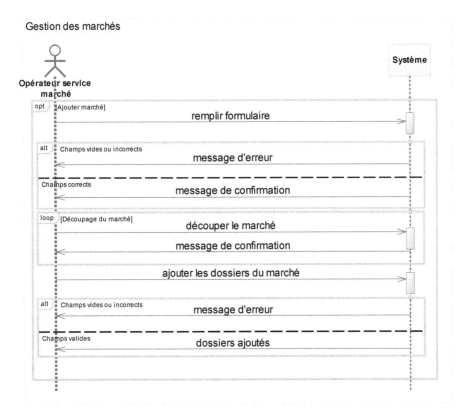

Figure 16 : Diagramme de séquences « Gestion des marchés »

Comme la montre la figure « diagramme de séquences gestion des marchés », la gestion de marché s'effectue en menant l'une des opérations Ajout, Modification, Suppression d'un marché.

L'opérateur service marché, après l'authentification, est redirigé vers la page de gestions des marchés. Le contrôleur de cette page charge la liste des marchés. Si ce dernier souhaite lancer un nouveau marché il doit choisir une demande initiée, pour les autres opérations de gestion, l'utilisateur choisit un marché existant, effectue une opération les modifications sont enregistrées dans la base de données.

On déduit le diagramme de classe candidates suivant :

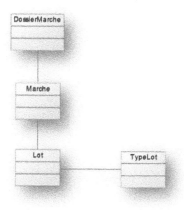

Figure 17 : Diagramme de Classes Candidates « Gestion marchés »

Affiner les Classes

- Le marché est formé de plusieurs lots.
- Il y a plusieurs types de lots.
- Pour chaque marché il y a des pièces à fournir.
- Il y a des offres par rapport à chaque lot du marché.

Nous avons donc besoin des classes suivant : Marché, DossierMarché, Lot, TypeLot.

Affiner les associations

Nom	Classe A	Classe B	Multiplicité A	Multiplicité B
Contenir	Marché	Pieces	0..*	1..*
Découper	Marché	Lot	1..1	1..*
Disposer	Lot	TypeLot	0..*	1..1
Avoir	Lot	Offre	1..1	1..*

Tableau 11 : Les associations entre les classes de cas d'utilisation « Gestion des marchés »

Affiner les attributs

Classe	Attributs	Description
Marché	codeMarché	Le code du marché
	dataHeureOP	la date et l'heure d'ouverture des plis
	lieuOP	Lieu d'ouverture des plis
	dateLancement	Date de lancement
	objetMarché	L'objet du marché
	lieuDepotPlis	Le lieu de dépôt des plis
	exercice	L'année budgétaire
	modePassation	Le mode de passation du marché
	modeReglement	Le mode de règlement du marché
DossierMarché	codePieces	Code des pièces
	libellePieces	Libellé des pièces
Lot	codeLot	Code du lot
	libelleLot	Libellé du lot
	tvaLot	T.V.A du lot
	PrixUnitaire	Le prix unitaire de vente du lot
	QteLot	La quantité du lot
	cautionProv	Montant de la caution provisoire
	datePayCaution	Date de payement de la caution
	penaliteRetard	Pénalité de retard
	receptionProv	Date de réception provisoire
	receptionDefi	Date de réception définitive
TypeLot	codeTypeLot	Code du type de lot
	libelleTypeLot	Libellé du type de lot

Tableau 12 : les attributs des classes « Gestion des marchés »

Diagramme de classes initial « Gestion des marchés »

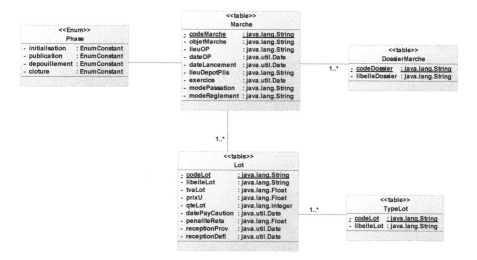

Figure 18 : Diagramme de classes initial « Gestion des marchés »

Diagramme de séquences MVC « Gestion des marchés »

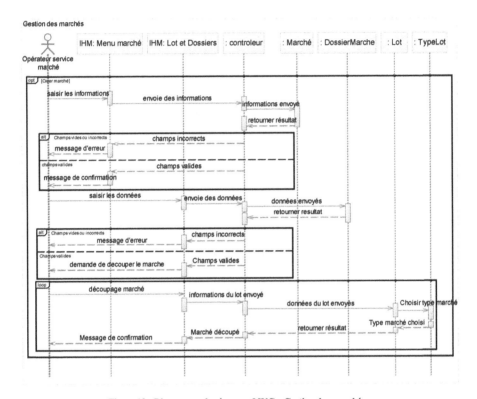

Figure 19 : Diagramme de séquence MVC « Gestion des marchés »

Le diagramme de séquences « Gestion des marchés » suivant décrit le cas d'utilisation

« Gestion des marchés » afin d'extraire les méthodes possibles pour réussir la création d'un nouveau marché.

Diagramme de classes « Gestion des marchés »

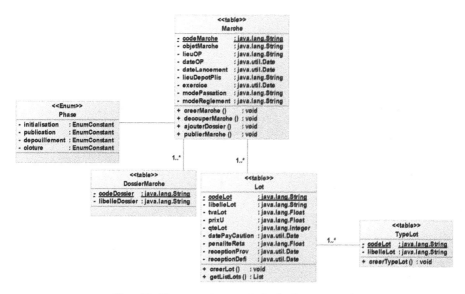

Figure 20 : Diagramme de classes final « Gestion des marchés »

L'authentification

Figure 21 : Ecran d'authentification

Chaque utilisateur doit saisir son login et le mot de passe après l'authentification l'utilisateur accède au menu qu'il correspond.

Menu des marchés

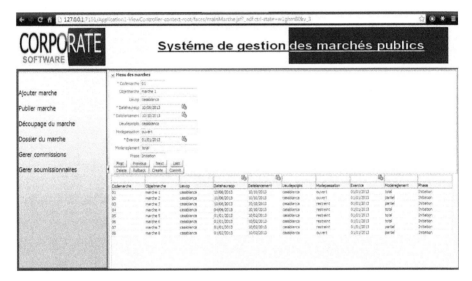

Figure 22 : Menu des marchés

Après authentification et redirection l'opérateur service marché accède à sa page d'accueil.

L'opérateur service marché a la possibilité de faire n'importe quelle opération en cliquant sur un lien à partir du menu qui se positionne à gauche, par contre la partie droite permet à l'opérateur d'ajouter, supprimer, modifier et de bas basculer entre les différents marchés.

Lots et les dossiers du marché

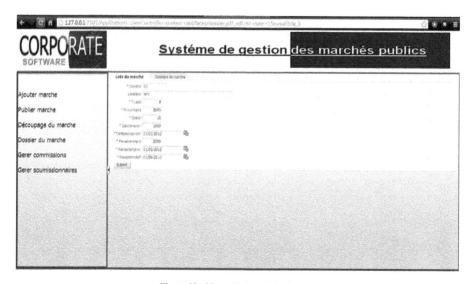

Figure 23 : Menu des lots et des dossiers

Le formulaire en dessus permet à l'opérateur service marché d'ajouter un nouveau lot pour l'affecter à un marché, et d'ajouter toutes les dossiers concernant le marché.

Sprint 2 : Gestion des commissions

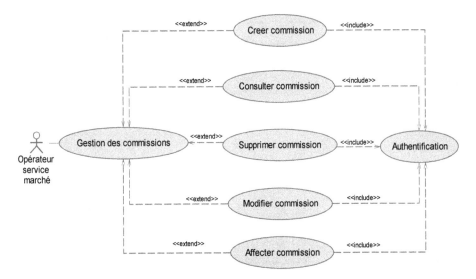

Figure 24 : Diagramme de cas d'utilisation « Gestion commissions »

La figure 24 contient toutes les opérations qui peuvent être faite par l'opérateur service marché pour gérer les commissions à savoir la création, la modification, la suppression, la consultation et l'affectation d'une commission a un marché.

Fiche textuelle

Résumé	Ce cas d'utilisation permet au concerné, de gérer les commissions.
Acteur	L'opérateur Service Marché
Pré-conditions	L'opérateur service marché doit être connecté au serveur et identifié
Post-conditions	S'il y a des modifications concernant un marché elles sont enregistrées dans la base de données
Scénario principale	1. Le système affiche une liste de commissions 2. L'utilisateur peut ajouter une nouvelle commission 3. L'utilisateur peut sélectionner une commission pour la consulter ou bien pour la modifier 4. L'utilisateur saisi les nouvelles données de la commission 5. L'utilisateur peut supprimer la commission sélectionné alors il doit confirmer la suppression 6. L'utilisateur peut affecter uns commission a un marché 7. Fin du traitement
Scénario alternatif '1'	Il démarre au point 2 du scénario principal : 1. Champs invalides ou vides 2. Afficher un message d'alerte informant l'utilisateur qu'il a oublié de mentionner un champ obligatoire. 3. Revenir au point 7 du scénario principal
Scénario alternatif '2'	Il démarre au point 4 du scénario principal : 1. Champs invalides ou vides 2. Afficher un message d'alerte informant l'utilisateur que les données saisies sont incorrects. 3. Revenir au point 7 du scénario principal

Tableau 13 : Documentation du cas d'utilisation « Gestion des commissions »

Diagramme de séquences « Gestion des commissions »

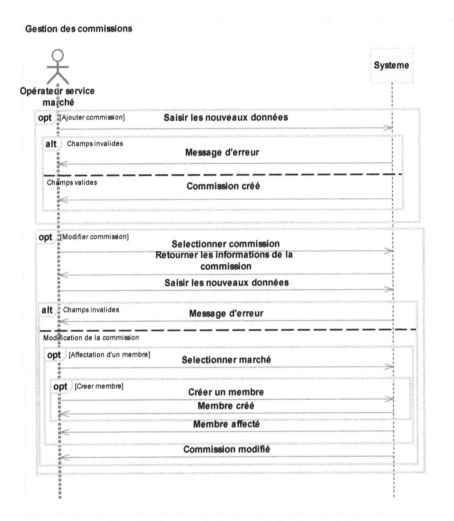

Figure 25 : Diagramme de séquences « Gestion des commissions »

L'opérateur service marché demande la page de gestion des commissions qui contient la liste des commissions ainsi que les membres des commissions et les marchés associés à la commission. Puis l'utilisateur effectue une opération (Ajout de nouvelle commission, modification d'une commission, suppression d'une commission, affection d'une commission ou bien ajout, suppression ou modification des membres d'une commission.

On déduit le diagramme de classe candidates suivant :

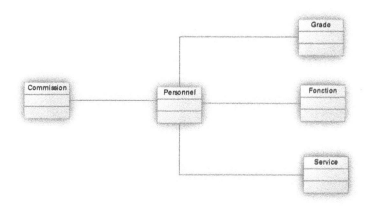

Figure 26 : Diagramme de Classes Candidates « Gestion des commissions »

Affiner les Classes

- La commission contient des membres
- Chaque membre a un grade.
- Chaque membre a une fonction.
- Les membres appartiennent à un service.

Nous avons donc besoin des classes suivant : Commission, Personnel, MembreCommission, Service, Fonction, Grade

Affiner les associations :

Nom	Classe A	Classe B	Multiplicité A	Multiplicité B
Contenir	Commission	Personnel	0..*	1..*
Appartenir	Personnel	Service	1..*	1..1
Avoir	Personnel	Fonction	1..*	1..1
disposer	Personnel	Grade	1..*	1..1

Tableau 14 : Les associations entre les classes du cas d'utilisation « Gestion des commissions »

Affiner les attributs

Classe	Attributs	Description
Commission	codeCommission	Le code de la commission
	nomCommission	Le nom de la commission
	typeCommission	Le type de la commission
Personnel	cinMembre	CIN du Salarié
	nomAgent	Le nom de l'agent
	prenomAgent	Le prénom de l'agent
	gradeAgent	Le grade du Membre
Service	codeService	Le code du service
	libelleService	Le libelle du service
Fonction	codeFonction	Le code la fonction
	libelleFonction	Le libelle de la fonction
Grade	codeGrade	Le code du grade
	libelleGrade	Le libelle du grade
	Echelle	L'échelle de l'agent
MembreCommission	dateAffectation	La date d'affectation

Tableau 15 : Les attributs des classes « Gestion des commissions »

Diagramme de classes initial « Gestion des commissions »

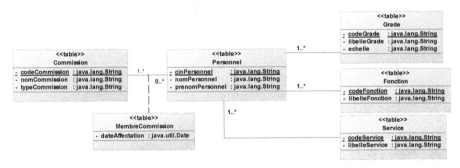

Figure 27 : Diagramme de classes initial « Gestion des commissions »

Diagramme de séquences MVC « Gestion des commissions »

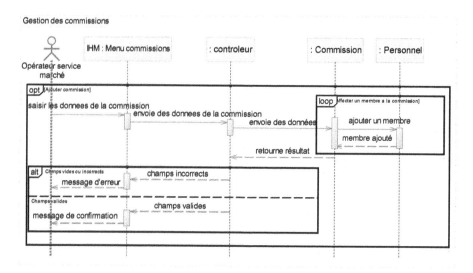

Figure 28 : Diagramme de séquences MVC « Gestion des commissions »

Le diagramme de séquences « Gestion des commissions » suivant décrit le cas d'utilisation « Gestion des commissions » afin d'extraire les méthodes possibles pour réussir la création d'une nouvelle commission.

Diagramme de classes « Gestion des commissions »

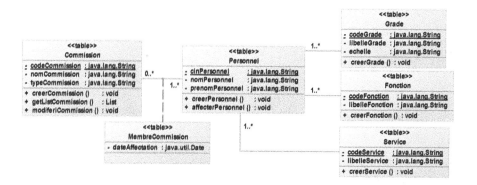

Figure 29 : Diagramme de classes « Gestion des commissions »

Menu des Personnels

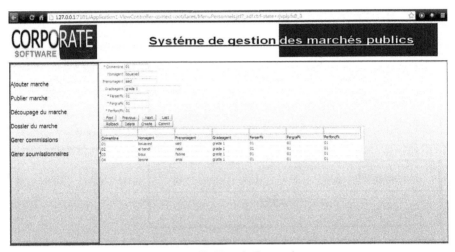

Figure 30 : Menu des Personnel

Le formulaire en dessus permet à l'opérateur service marché d'ajouter, modifier, supprimer et aussi de lui affecter un grade, une fonction et de l'affecter à un service.

Diagramme de Classes Final

Maintenant on doit mettre à jour les diagrammes de classes, afin de profiter de l'analyse réalisée avec les différents diagrammes dynamiques.

On complète le diagramme de classe avec les opérations grâce à l'analyse dynamique.

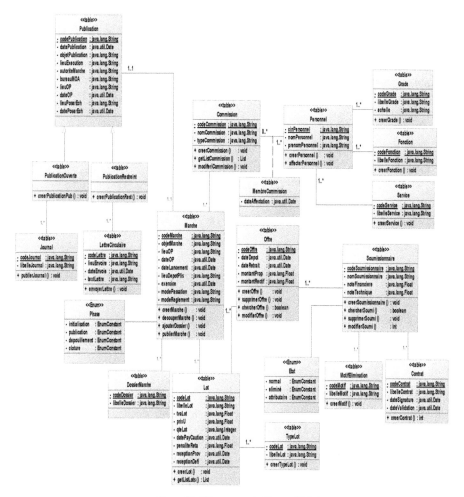

Figure 31 : Diagramme de Classes Global

2 Architecture applicative

Modèle en couche

L'architecture 3-tiers ou architecture à trois niveaux est l'application du modèle plus général qu'est le multi-tiers. L'architecture logique du système est divisée en trois niveaux ou couches :

- Couche présentation
- Couche métier
- Couche accès aux données

C'est une extension du modèle client/serveur.

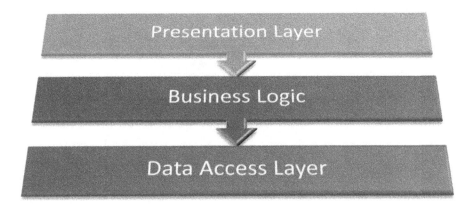

Figure 32 : Schéma Modèle en Couche

Couche Présentation :

- Elle correspond à la partie visible et interactive de l'application avec les utilisateurs. On parle d'Interface Homme Machine. En informatique, elle peut être réalisée par une application graphique ou textuelle. Elle peut aussi être représentée en HTML pour être exploitée par un navigateur web.
- On conçoit facilement que cette interface peut prendre de multiples facettes sans changer la finalité de l'application

Couche Métier :
- Elle correspond à la partie fonctionnelle de l'application, celle qui implémente la «logique », et qui décrit les opérations que l'application opère sur les données en fonction des requêtes des utilisateurs, effectuées au travers de la couche présentation.
- Les différentes règles de gestion et de contrôle du système sont mises en œuvre dans cette couche.
- La couche métier offre des services applicatifs et métier à la couche présentation. Pour fournir ces services, elle s'appuie, le cas échéant, sur les données du système, accessibles au travers des services de la couche inférieure. En retour, elle renvoie à la couche présentation les résultats qu'elle a calculés.

Couche accès aux données DAO:

- Ces données sont pérennes, car destinées à durer dans le temps, de manière plus ou moins longue, voir définitive.
- Les services sont mis à disposition de la couche métier. Les données renvoyées sont issues du/des gisements de données du système.
- Pour une implémentation « native », le motif de conception (en anglais design pattern) à implémenter dans cette couche est le Data Access Object (DAO).
- Ce dernier consiste à représenter les données du système sous la forme d'un modèle objet.
- La représentation du modèle de données objet en base de données (appelée persistance) peut s'effectuer à l'aide d'outils tels que Hibernate.

Modèle MVC

MVC est l'acronyme de Model-View-Controller c'est un modèle de conception d'interface utilisateur permettant de découpler le modèle (logique métier et accès aux données) des vues (interfaces utilisateur [présentation des données et interface de saisie pour l'utilisateur]). Des modifications de l'un n'auront ainsi, idéalement, aucune conséquence sur l'autre ce qui facilitera grandement sa maintenance.

Ce modèle a tendance à multiplier le nombre de classes à définir et semble alourdir la conception d'application mais le découplage ainsi obtenu assure une maintenance facilitée.

Le modèle MVC est un schéma de programmation qui prend en compte toute l'architecture d'un programme et classe les différents types d'objets qui composent l'application dans 3 catégories :

- Modèle : gère les données et reprend le logique métier (le modèle lui-même peut être décomposé en plusieurs couches mais cette décomposition n'intervient pas au niveau de MVC). Le modèle ne prend en compte aucun élément de présentation.

- Vue : Elle affiche les données, provenant exclusivement du modèle, pour l'utilisateur et/ou reçoit ses actions. Aucun traitement – autre que la gestion de présentation -n'y est réalisée.
- Contrôleur : son rôle est de traiter les événements en provenance de l'interface utilisateur et les transmet au modèle pour le faire évoluer ou à la vue pour modifier son aspect visuel (pas de modification des données affichées, mais des modifications de présentation (couleur de fond, affichage ou non de la légende d'un graphique, …).

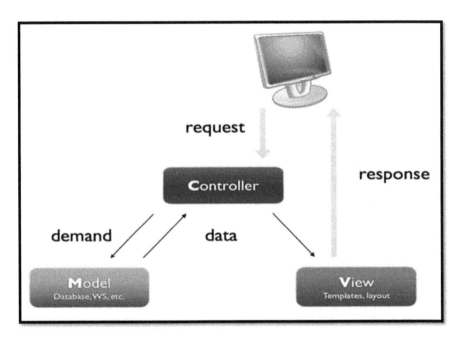

Figure 33 : Schéma MVC et description du fonctionnement

3 Conclusion

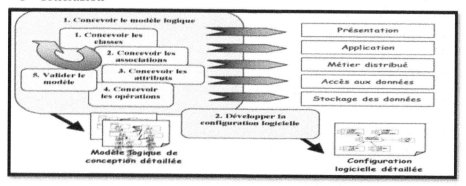

Figure 34 : Architecture Conception

Conclusion générale

Le travail réalisé dans le cadre de notre projet de fin des études consiste à faire la conception et la réalisation d'une application de gestion des marchés publics au sein de la société Corporate Software.

Ce travail est décomposé en trois étapes. La première a été consacrée à comprendre le contexte général du projet. L'étape suivante a été dévolue à la spécification des besoins fonctionnels et non fonctionnels ce qui a permis de classer les fonctionnalités du système en plusieurs Sprints selon la priorité. Dans la dernière étape nous nous sommes penchés sur la conception et l'implémentation de ces Sprints.
En effet, pour chaque Sprint, nous avons défini les modèles statiques et dynamiques sur lesquels nous nous sommes basés dans la phase d'implémentation.
Pour ce faire, nous avons choisi la méthode SCRUM pour la gestion du projet et le langage UML comme langage de modélisation.

Lors de la réalisation, nous avons utilisé un ensemble d'outils Oracle, à savoir, Application Développement Framework (ADF), le Framework ToopLink pour la persistance, le SGBD oracle pour la base de données et la technologie J2EE.

Durant ces six mois de stage, j'ai pu mettre en pratique une partie des connaissances acquises lors de ma formation académique.
Ce projet a constitué une occasion pour m'intégrer dans le milieu professionnel. En effet, j'ai eu l'occasion de me confronter au travail d'équipe et de découvrir ses richesses. J'ai également découvert les contraintes à respecter pour bien gérer les relations humaines.

L'expérience acquise durant ce travail est précieuse pour ma future vie professionnelle.
L'outil développé à la faveur de la société Corporate Software, porte en lui les germes d'un outil complet qui pourra être amélioré avec l'ajout d'autres fonctionnalités dont un module de gestion électronique de documents.

Bibliographie

TITRE : UML 2 en action

AUTEUR : Pascal Roques & Franc Valée

MAISON D'ÉDITION : Edition Eyrolles

DATE DE SORTIE : Juin 2004

TITRE : Manager un projet informatique

AUTEUR : Olivier Englender & Sophie Fernandes

MAISON D'ÉDITION : Edition Eyrolles

DATE DE SORTIE : Août 2007

TITRE : Les cahiers du programmeur

AUTEUR : Antonio Goncalves

MAISON D'ÉDITION : Edition Eyrolles

DATE DE SORTIE : Janvier 2005

TITRE : Le guide pratique de la méthode agile la plus populaire

AUTEUR : Claude Aubry

MAISON D'ÉDITION : Dunod

DATE DE SORTIE : Février 2005

Webographie

- http://www.marchespublics.gov.ma

- http://www.marche-public.fr

- http://www.oracle.com/index.html

- http://rpouiller.developpez.com/tutoriels/java/adf-jdeveloper/

- http://www.oracle.com/technetwork/developer-tools/jdev/how-to-adf-faces-10gjdev-085657.html#install

- http://stackoverflow.com/

www.ingramcontent.com/pod-product-compliance
Lightning Source LLC
LaVergne TN
LVHW042345060326
832902LV00006B/397